Klara & Theo

Die doppelte Paula

Klara & Theo

Die doppelte Paula

Langenscheidt

Berlin · München · Wien · Zürich · New York

Leichte Krimis
für Jugendliche in drei Stufen

Die doppelte Paula
– mit Mini-CD

Stufe 3

© 2007 by Langenscheidt KG, Berlin und München
Printed in Germany
ISBN 978-3-468-**47732**-4

09021

Die Hauptpersonen dieser Geschichte sind:

Dr. Schmidt: Lehrer, seit zwei Jahren an der Schule. Er unterrichtet Mathematik und Biologie in der Klasse 8b. Er wirkt manchmal ein bisschen komisch und altmodisch, aber er ist nett und die Schüler und Schülerinnen mögen ihn.

Einstein (Albert Neumann): 13 Jahre alt, Klasse 8b, ein Genie in Mathematik und am Computer. Außerdem liebt und züchtet er Kaninchen.

Olli (Oliver Claasen): 14 Jahre alt, Klassensprecher der 8b. Seine Hobbys: Fußball, Inline-Skaten und Musik.

Jessica (Jessica Berger): 13 Jahre alt, die größte in der Klasse 8b. Sie ist gut in der Schule und reitet gern.

Moon (Carla Nowek): 13 Jahre alt, Klasse 8b. Ihr Lieblingsfach ist Kunst. Moon ist eine supergute Detektivin und ihre Mutter kommt aus Korea.

„So, Kinder, stellt euch bitte in Zweierreihen auf und wartet hier, ich hole die Eintrittskarten!"

„Wie im Kindergarten!"

„Was für eine Ausstellung sehen wir uns eigentlich an?"

„Keine Ahnung, irgend so 'ne olle[1] Malerin …"

„Kunstunterricht ist zum Einschlafen!"

„Aber immer noch besser als Mathe!"

Die Klasse 8b wartet im Foyer des Städtischen Kunstmuseums.

Zurzeit ist eine Ausstellung von Bildern der berühmten Malerin Paula Modersohn-Becker zu sehen. Nicht alle Schülerinnen und Schüler mögen Kunst.

Kunstlehrerin Iris Bach kommt von der Kasse zurück.

„So, hier sind die Eintrittskarten. Passt bitte auf, ich wiederhole noch einmal die Aufgabe: Seht euch die Bilder an und von dem Bild, das euch am besten gefällt, macht ihr eine Zeichnung. Wir treffen uns in eineinhalb Stunden wieder. Noch Fragen?"

„Wenn mir kein Bild gefällt, kann ich dann gleich nach Hause gehen?"

Olli grinst. Er ist 14 Jahre alt und Klassensprecher der 8b. Seine Hobbys sind Fußball, Inline-Skaten und Musik. Kunst interessiert ihn überhaupt nicht.

„Oh, Olli. Es gibt noch mehr im Leben als Fußball.

Schau dir erst mal die Ausstellung an, bevor du so dumm daherredest."

Moon ist sauer[2]. Sie liebt Kunst und besonders die Malerin Paula Modersohn-Becker. Seit langem freut sie sich auf die Ausstellung.

Moon heißt eigentlich Carla Nowek. Ihr Gesicht ist rund und deshalb nennen ihre Freunde aus der Klasse 8b sie „Moon".

„Komm, Olli. Wir gehen miteinander: Geteiltes Leid ist halbes Leid![3]"

Albert Neumann ist klein, ein bisschen dick, und er hasst Sport. Kunstunterricht mag er auch nicht besonders. Aber in Mathematik und am Computer ist er ein Genie. In der Klasse 8b nennen ihn alle „Einstein".

Olli ist sein bester Freund.

Nach einer halben Stunde sitzen viele Schülerinnen und Schüler auf dem Boden und zeichnen. Nur Moon zeichnet nicht.

Fasziniert betrachtet sie das Bild „Worpsweder Bauernkind auf dem Stuhl", das Paula Modersohn-Becker 1905 gemalt hat.

Moon kennt das Bild sehr gut! Sie kennt es sozusagen auswendig. Über ihrem Bett hängt eine Reproduktion des Bauernkindes, ein Poster.

Endlich sieht sie das Original!

„Moon, kommst du mit?"

„Ja, gleich! Ich kaufe nur noch einen Katalog."

„20 Euro! Bist du verrückt?"

„Immer noch billiger als Fußballschuhe ..."

Moon steht an der Kasse und blättert im Ausstellungskatalog.

„Mensch, Moon, jetzt mach schon, den Katalog kannst du doch zu Hause ansehen."

„Nerv nicht, Olli. Kleinen Moment noch. – Schade! Im Katalog ist keine Abbildung vom ‚Bauernkind'..."

Sie fragt an der Kasse: „Gibt es Postkarten vom ‚Bauernkind'?"

„Nein, leider nicht."

„O. k. Danke."

„Können wir jetzt endlich?"

„Gleich! Ich muss noch schnell was erledigen!"

Einstein drückt Olli seinen Zeichenblock in die Hand und rennt in den Ausstellungsraum.

Nach zwei Minuten ist Einstein zurück und die drei gehen nach Hause.

„Na, ihr beiden Kunstliebhaber, was habt ihr denn gezeichnet?"

„Ich habe ein Still-Leben[4] gezeichnet: ‚Still-Leben mit Zitrone, Apfelsine[5] und Tomaten', das war am einfachsten ..."

„Einstein, du bist doch sonst nicht so ein Banause[6]! Und du, Olli?"

„Das Gesicht von dem Typen. Hm, wie heißt er gleich …"

Olli holt aus seiner Tasche den Zeichenblock und klappt ihn auf:

„Hier guck mal, so sieht er aus!"

„Hey, super! Der ‚Typ' heißt übrigens Rainer Maria Rilke. Ein ganz berühmter Dichter. Paula Modersohn-Becker war mit ihm befreundet und er hat sie oft in ihrer Landkommune besucht …"

„Landkommune? Lebten die damals wie Hippies …?"

Moon lacht: „Kann man so sagen. Damals lebten viele Künstler in Worpswede, das ist ein kleines Dorf in der Nähe von Bremen."

„Cool!"

Dann bleibt sie stehen, denkt einen Moment nach und sagt:

Ihr Mädchen seid wie die Gärten
am Abend im April:
Frühling auf vielen Fährten,
aber noch nirgends ein Ziel.[7]

„Schön! Ist das von Rilke?"

„Ja. So, Jungs, ich bin am Ziel. Dann bis morgen. Tschüs!"

„Tschüs!"

„*Frühling auf vielen Fährten, aber noch nirgends ein Ziel* … Kapier[8] ich nicht. Was ist schön an diesem Gedicht?"

„Mensch, Einstein, du bist ja wirklich ein Banause! Du darfst das nicht so wörtlich nehmen. Ein Gedicht ist so wie ein Bild. Also: Mädchen sind jung und im April ist das Jahr auch noch jung. Man spürt schon den Frühling, aber er kommt später …"

„… so, wie aus Mädchen einmal Frauen werden?"

„Wow! Einstein und die Lyrik! Gratuliere! Dann bis morgen. Tschüs, Kumpel!"

„Tschüs, Olli."

Am Abend sitzt Moon lange vor dem Poster und vergleicht es mit ihrer Skizze aus dem Kunstmuseum.
Olli surft im Internet und findet eine spannende Seite: www.rilke.de. Dort gibt es alle Gedichte von Rainer Maria Rilke.
Auch Einstein surft im Internet. Endlich findet er, was er sucht: eine Abbildung vom „Bauernkind". Mit dem Ausdruck bastelt er eine Postkarte für Moon.

3

Die Freunde treffen sich vor Unterrichtsbeginn am Eingang der Schule.
„Hier, hab ich dir mitgebracht."
Einstein gibt Moon die Postkarte.
„Für mich? Die ist ja schön! Danke!"
Moon gibt Einstein spontan einen Kuss auf die Wange.
Olli lacht und sagt: *„Frühling auf vielen Fährten"*.
Einstein wird rot wie eine Tomate.

Den ganzen Vormittag ist Einstein ziemlich unkonzentriert. Die Stelle auf der Wange brennt wie Feuer – oder bildet er sich das nur ein?

In der Pause rennt er schnell aus dem Klassenzimmer, aus Angst, dass ihn noch einmal jemand öffentlich küsst.

Aber Moon ist schneller …

„Mensch, warte doch! Ich muss dir etwas zeigen! Hier, schau mal."

„Ja und? Die Postkarte vom ‚Bauernkind' und deine Zeichnung von gestern …"

„Genau! Und? Fällt dir nichts auf?"

„Hm, die Postkarte ist bunt, die Zeichnung nur schwarz-weiß."

„Bitte, Einstein! Schau mal ganz genau hin: die Haltung …"

„Nö, ich seh nix."

„Schau mal auf die Hände."

Moon und Einstein sitzen am Nachmittag vor dem Computer.

„Schau mal, hier habe ich dein Bauernkind gefunden. In einem Museum in Bremen."

„Fast alle Bilder der Ausstellung kommen von da. Sieh mal, das ist genau das gleiche Bild wie auf dem Poster!"

„Hm, und du meinst wirklich, das Bauernkind in unserem Museum ist eine Fälschung? Ich weiß nicht, Moon, das wäre doch …"

„Na ja, jedenfalls liegen die Hände auf meiner Skizze anders rum. Und ich hab das Bild bestimmt ganz genau abgezeichnet."

„Stimmt. Im Original liegt die rechte Hand auf der linken …"

„… und bei mir liegt die linke Hand auf der rechten."

„Aber ich dachte, Kunstfälscher kopieren ein Bild ganz genau. Das ist ja wie …"

„Wie ein Hinweis! Vielleicht will derjenige, der das Bild von Paula Modersohn-Becker nachgemalt hat, absichtlich zeigen, dass es nicht das Original ist."

„Aha. Und warum will er das zeigen? Und wem? Du hast ja auch ganz schön lange gebraucht, bis du den

Fehler entdeckt hast."

„Stimmt. Komm, wir fassen mal alles zusammen:

1) Wer hat die Kopie gemalt?
   – Warum so?
2) Woher kommt das Bild?
3) Wie kommt es ins Museum?
4) Weiß das Museum Bescheid?
   – Experten?!!
5) Warum hängt dort eine Kopie?
6) Verwechslung? Diebstahl?
7) Wo ist das Original???

„Ganz schön viele Fragen! Und was machen wir jetzt? Die Polizei anrufen?"

„Natürlich nicht. Noch nicht. Detektive ermitteln erst mal auf eigene Faust[9]…"

„Das ist ja ein echter Hammer! Ihr seid wirklich
tolle Detektive! Respekt!"

„Moon hat es ganz allein rausgefunden."

„Aber ab jetzt brauche ich eure Hilfe. Hier ist unsere
Checkliste. Schaut sie euch an, wir treffen uns dann
in der Pause, o.k.?"

„Dr. Schmidt!", Einstein denkt laut.

„Was ist los, Einstein? Kannst du es nicht mehr er-
warten? Mathe ist erst in der vierten Stunde. Aber du
könntest mir die Mathehausaufgaben geben. Nach
der Pause bekommst du sie zurück. Ich schreib sie
nur schnell ab."

„Mensch, Olli, nächste Woche ist der Mathetest. Und
du weißt doch, wenn …"

„Einstein!"

„Ja, ja, schon gut, hier ist das Heft."

„Klopf! Klopf!"

„Herein!"

„Entschuldigung, Herr Schmidt … äh, guten Tag,
Frau Bach, ich … ich komme später noch mal."

„Albert! Immer herein, du störst nicht. Meine Kolle-
gin kennst du ja."

„Klar kennen wir uns. Leider ist Albert von Kunst
nicht so begeistert wie von Mathe …, aber was nicht
ist, kann ja noch werden."

Einstein ist die Situation peinlich. Mit seiner Kunstlehrerin Iris Bach hat er im Büro von Dr. Schmidt

nicht gerechnet. Dr. Schmidt ist seit zwei Jahren an der Schule. Er unterrichtet Mathematik und Biologie in der Klasse 8b. Er wirkt manchmal ein bisschen komisch und altmodisch, aber er ist nett und die Schüler und Schülerinnen mögen ihn.

„Was kann ich für dich tun, Albert?"

„Hm, ja also ich …", stottert Einstein.

Frau Bach steht auf, geht zu Dr. Schmidt und gibt ihm einen Kuss auf die Wange.

„Ich geh dann, Erwin. Bis später. Tschüs, Albert!"

„Hab ich dich richtig verstanden, Albert? Du möchtest den Namen der Firma, die die Kunsttransporte für das Museum macht?"

„Ja! Sie kennen doch den Direktor."

„Klar. Wir sind zusammen im Kegelclub. Warte mal, ich ruf ihn gleich an."

Fünf Minuten später hat Einstein einen Zettel mit Adresse und Telefonnummer der Spedition.

„Wo warst du denn so lange? Die Pause ist gleich vorbei."

Olli und Moon stehen im Pausenhof.

„Ich habe recherchiert! Hier ist die Adresse der Kunstspedition."

„Die Spedition haben wir gar nicht auf der Checkliste, aber zeig mal. Spedition Koppenrat! Da arbeitet Jessicas Onkel."

„Unsere erste Spur!"

„Ich finde mein Zimmer prima! Ich weiß nicht, warum ihr unbedingt neue Möbel kaufen wollt?"

„Albert, du bist doch kein Kind mehr und deine Möbel sind total altmodisch. Schau mal hier: Jugendzimmer, komplett mit Bett, Schrank, Schreibtisch und Bücherregal …"

„Schrecklich! Total spießig[10]!"

Einstein ist mit seinen Eltern im Möbelhaus. Er mag sein Zimmer und seine Möbel.

„Das ist toll! Schön bunt und sehr modern."

„Mama! Das sieht aus wie ein Kinderzimmer! Eben hast du gesagt, ich bin kein Kind mehr."

„Streitet euch nicht! Du wolltest eine neue Lampe und einen Drehstuhl für den Schreibtisch, oder?"

„Ja, aber keine neue Einrichtung."

„Gut, dann schauen wir in der Abteilung Büromöbel!"

Einstein probiert Drehstühle und sucht eine Lampe aus.

Endlich sind auch seine Eltern zufrieden.

Sie laden die Lampe und den Stuhl in einen Einkaufswagen und gehen zur Kasse.

Vor der Kasse ist eine Abteilung mit Postern und Bilderrahmen.

Plötzlich bleibt Einstein stehen.

„Wartet mal. Ich schaue mir schnell das Bild an."

„Seit wann interessierst du dich für Kunst, Albert?"

„Seit gestern!"

„Verstehst du, was er meint?" Die Eltern schauen sich ratlos an.

Einstein holt sein Handy aus der Tasche und macht zwei Fotos.

Fast echt:

Preiswerte Kopien berühmter Kunstwerke
Schnell und zuverlässig

Markus Ohlbaum
Kunstmaler

„Drrring! Drrring!"

„Albert Neumann!"

„Hallo, Einstein! Danke für die Fotos! Wo hast du sie gemacht?"

„Im Möbelhaus!"

„Toll! Jetzt haben wir schon eine zweite Spur!"

„Meinst du, der Maler hat das Bild ..."

„Keine Ahnung, aber vielleicht kann er uns helfen. Hast du morgen Zeit?"

„Morgen? Klar, nach der Schule! Aber wir wissen ja gar nicht, wo Herr Ohl..."

„Schon erledigt! Mein Vater kennt ihn und du wirst staunen, wo der wohnt. Um drei?"

„Alles klar. Kommt Olli auch mit?"

„Nein, der hat zur gleichen Zeit einen Termin mit Jessica bei ihrem Onkel."

6

„Da vorne ist es!"

„Das ist doch der alte Bahnhof!"

„Ja! Und genau da hat Herr Ohlbaum sein Atelier."

Moon und Einstein stellen ihre Fahrräder ab. Sie gehen um den alten Bahnhof herum.

„Niemand zu Hause?"

„Doch, hörst du die Musik nicht? Warte mal. Komm, hilf mir …"

Moon klopft an das große Fenster.

Der Maler sieht sie und macht die Musik leiser. Dann nimmt er einen Lappen, wischt sich die Hände ab und öffnet eine Tür.

„Hier bin ich! Guten Tag, ihr beiden. Was kann ich für euch tun?"

„Wir haben gestern telefoniert …"

„Dann bist du Carla?"

„Ja! Carla Nowek." Moon gibt Herrn Ohlbaum die Hand.

„Und das ist Einstein, ich meine Albert Neumann."

Die beiden Freunde stehen in einem großen hellen Raum.

Es riecht nach Farbe. Überall stehen Leinwände.

„Hier war früher die Wartehalle. Jetzt ist es mein Atelier."

„Ist ja riesig!" Moon staunt.

Herr Ohlbaum holt drei Stühle. „Wollt ihr etwas trinken? Ich habe frischen Tee."

„Gerne. Danke!"

Nach ein paar Minuten sitzen alle mit einer Tasse Tee im Atelier.

Moon betrachtet lange ein Bild auf der Staffelei.

„Kennst du das Bild?", fragt Herr Ohlbaum.

„Ja! Ich glaube, das ist ein Selbstporträt von Paula Modersohn-Becker."

„Sehr gut!"

„Malen Sie nur Kopien?"

Einstein fragt und denkt im gleichen Augenblick, dass das vielleicht ziemlich unhöflich war.

Aber Herr Ohlbaum lacht und sagt:

„Gute Frage! Weißt du, der Dichter Bertolt Brecht hat einmal gesagt: ‚Erst kommt das Fressen, dann kommt die Moral'! Ich habe früher nur meine Bilder gemalt, aber niemand wollte sie sehen und schon gar nicht kaufen. Dahinten im Atelier stehen noch ein paar. Aber ich wollte unbedingt malen! Und dann passierte eine komische Geschichte. Ein Freund fragte mich, ob ich ihm das berühmte Gemälde ‚Sonnenblumen' nachmalen könnte. Das hab ich natürlich gemacht und richtig Geld damit verdient. Und dann kam ein Auftrag nach dem anderen. Und jetzt wollen alle Leute Bilder von Paula Modersohn-Becker …"

„Aber sind das nicht Fälschungen?"

Herr Ohlbaum schaut Einstein lange an. „Ich verrate euch ein Geheimnis! In allen meinen Kopien – das Wort finde ich besser als Fälschung – gibt es einen Unterschied zum Original. Das Lustige ist, den meisten Kunden fällt es nicht auf."

„Haben Sie auch eine Kopie vom ‚Bauernkind' gemacht?", fragt Moon.

„Ja, aber schon vor einiger Zeit."

„Da haben Sie die Haltung der Hände verändert!"

„Hey, du bist ja wirklich eine Expertin! Aber woher weißt du das? Das Bild hängt doch bei Herrn Knoll." Sofort beißt sich der Maler auf die Lippen.

„Dem Bauunternehmer?", will Moon wissen.

„Ja, aber eigentlich soll das niemand wissen. Weißt du, natürlich hätten alle lieber das Original. Deshalb interessiert mich natürlich, woher du weißt, dass …"

„Ach, nur ein Zufall. Ich kenne das Bild so gut, weil es als Poster in meinem Zimmer hängt."

„Warum hast du ihm nicht gesagt, dass sein Bild im Museum hängt?"

„Immer mit der Ruhe! Ich hab doch schon mal gesagt: Detektive ermitteln erst mal auf eigene Faust. Und jetzt bin ich gespannt[11], was Olli und Jessica erzählen."

7

„Im alten Bahnhof? Cool!" Olli und Jessica hören Moon und Einstein beeindruckt zu.

„Und wie war es bei euch? Habt ihr etwas rausgefunden?"

„Nein, leider Fehlanzeige[12]! Mein Onkel hat tatsächlich den Transport organisiert. Aber es war alles wie immer: Sie haben die Bilder in Bremen abgeholt, vorher alle ganz supervorsichtig verpackt. Dann jedes Bild in eine eigene Kiste …"

„Und er sagte, der Transport war für mehrere Millionen Euro versichert! Könnt ihr euch das vorstellen? So viel Kohle[13]…"

„Und sonst? Nichts Besonderes?"

„Nö."

„Aber du kannst ja deinen Vater noch mal fragen! Der war beim Ausladen dabei und hat fotografiert."

„Nowek!"

„Papa! Bist du in der Redaktion?"

„Carla? Wo brennt's denn?[14] Ja, im Moment bin ich noch in der Redaktion, aber ich habe nicht viel Zeit."

„Du hast doch nichts dagegen, wenn ich mit meinen Freunden mal kurz vorbeikomme? Vielleicht haben wir eine Superstory für dich, ganz exklusiv … Tschüs, bis gleich!"

„Carla? …"

„Das sind alle Artikel zur Ausstellung. Der erste Bericht ist hier, über den Transport."

„Das ist mein Onkel!" Jessica zeigt auf ein Foto, auf dem ein Mann ein Gemälde in die Kamera hält.

Paula Modersohn-Becker ist da! Heute ist der Transport aus Bremen angekommen. Auf unserem Bild von links nach rechts: Museumsdirektor Dr. Peter Bornebusch, Sponsor Gerhard W. Knoll, Inhaber der Baufirma Knoll & Partner, und Transportchef Franz Berger.

Foto: Nowek

„Moment mal! Was ist das?" Moon nimmt ein Foto und zeigt es ihrem Vater.

„Das war am gleichen Tag. Eine Pause beim Ausladen. Herr Knoll hat uns alle zum Mittagessen eingeladen, total nett!"

„Herr Knoll ist aber nicht auf dem Foto!"

„Stimmt! Ich erinnere mich. Er musste ganz plötzlich weg."

„Klar, um die Bilder auszutauschen!", ruft Einstein laut.

8

Eine halbe Stunde später sitzen die vier Freunde und Herr Nowek immer noch in der Redaktion. Moon hat ihrem Vater die ganze Geschichte erzählt – und ihre Vermutungen.

„Das glaub ich alles nicht! Habt ihr vielleicht zu viele Krimis gelesen? Herr Knoll ist ein sehr angesehener Mann. Ohne ihn gäbe es keine Ausstellungen und keine Konzerte in unserer Stadt. Kultur kostet leider ziemlich viel Geld."

„Hier ist noch ein Beweis!" Einstein nimmt sein Handy und öffnet das Bildarchiv.

„Das Foto habe ich im Museum gemacht. Moon, hast du die Postkarte vom ‚Bauernkind‘ dabei?"

„Klar, hier!"

Alle sehen auf die beiden Bilder.

„Dann hängt im Museum auf jeden Fall eine Fälschung", sagt Herr Nowek leise.

„Eine Kopie, Herr Nowek. Eine Kopie."

„Egal. Ich muss jetzt sofort das Museum verständigen und das Museum muss die Polizei informieren. Das gibt einen Riesenskandal! Ich danke euch für eure Hilfe, aber der Rest ist jetzt Sache von Erwachsenen."

„... der Rest ist jetzt Sache von Erwachsenen! Dabei haben wir alles entdeckt." Olli ist sauer. „Aber das interessiert deinen Vater ja nicht. Der will nur eine Story für seine Zeitung."

„Tja, das ist ja nun mal sein Job", antwortet Moon kleinlaut. „Unser Museum kriegt nie wieder eine wichtige Ausstellung, wenn sich herumspricht, dass man hier so einfach Gemälde klauen, äh, ich meine ‚austauschen' kann."

„Und mit den Konzerten ist es auch vorbei, wenn der Supersponsor im Knast[15] sitzt."

„Dr. Schmidt!"

„Unser Mathegenie hat Halluzinationen! Oder meinst du, dass Dr. Schmidt jetzt die Konzerte sponsert[16]?"

„Blödmann! Ich meine, wir sollten erst einmal nachdenken und alle Möglichkeiten prüfen, bevor es zu einem Skandal kommt. Moon hat doch eben gesagt, dass das Gemälde nur ausgetauscht ist und nicht geklaut[17]."

„Ich verstehe nur Bahnhof[18]!", ruft Olli.

„Hör einfach zu: Dr. Schmidt kennt doch den Museumsdirektor. Vielleicht hat der dem Sponsor das Gemälde einfach geliehen …"

„Verstehe …, der gibt es wieder zurück und es gibt keinen Skandal!"

Plötzlich sagt Jessica:

„Wir haben etwas übersehen!"

„Was denn? Die Sache ist doch klar!"

„Nein, ist sie nicht. Wir wissen doch überhaupt nicht, ob es tatsächlich so ist, wie wir vermuten. Wir wissen nicht, ob dieser Herr Knoll das Original vom ‚Bauernkind' tatsächlich hat. Wir haben keine Beweise. Null!"

„Und wie willst du das herausfinden? Der hängt
doch kein geklautes Gemälde an die Wand!"

„Ruhe, Leute! Ich glaube, Jessica hat Recht. Das
ist ja gerade der Witz: Er denkt, das merkt kei-
ner. Oder sagt einfach, das ,Bauernkind' ist vom
Ohlbaum."

„Genial!"

„Kriminell!"

9

„Ach, da seid ihr ja. Kommt rein!"

Einstein und Moon folgen der freundlichen Dame
ins Haus. Eine supermoderne Villa am Stadtrand.

„Hier hängt bestimmt kein Bild", flüstert Einstein.

„Hier gibt's ja gar keine Wände. Das ganze Haus ist
aus Glas."

„Warte mal ab", antwortet Moon.

„So, wenn ihr hier bitte kurz warten würdet, Herr
Knoll hat gleich Zeit für euch."

„Ihr seid also die beiden Reporter von der Schüler-
zeitung! Ich bin Gerhard Knoll. Hallo!"

Der große Mann lächelt freundlich und drückt den
beiden die Hand.

„Was kann ich für euch tun?"

„Herr Knoll, wie ich schon am Telefon sagte, möch-
ten wir gern ein Interview mit Ihnen machen. In

unserer Stadt gibt es ja fast keine Kulturveranstaltung ohne Ihre Hilfe."

Herr Knoll lächelt verlegen. „Das ist ein bisschen übertrieben, aber ich liebe meine Stadt und wenn man helfen kann …"

„Darf ich Fotos machen?", fragt Einstein.

„Aber bitte, gern, junger Mann!"

Moon hat eine Liste mit Fragen vorbereitet und Einstein macht Fotos.

„Und zum Schluss habe ich noch ein Frage: Sie sammeln doch Kunst. Würden Sie uns vielleicht was zeigen?"

„Ja, natürlich, wenn euch das interessiert. Kommt einfach mit."

Herr Knoll zeigt den beiden seine Kunstsammlung. In seinem Büro hängt das ‚Bauernkind'.

„Das Bild kennt ihr vielleicht. Wir haben ja zurzeit eine große Ausstellung in unserer Stadt."

„Klar, kennen wir das! ‚Bauernkind' von Paula Modersohn-Becker!"

„Tja – leider nur eine Kopie. Das Original kann ich mir nicht leisten. Und hier in diesem Raum … Wo ist denn dein Kollege?"

„Einstein?"

„Ich komme!"

Eine Viertelstunde später klingelt es wieder an der Tür der Villa.

„Entschuldigen Sie bitte die Störung, Herr Knoll, aber da sind ..." Die freundliche Dame von vorhin ist ins Zimmer gekommen.

„Ich komme gleich. Moment bitte."

Aber in der Tür stehen schon Dr. Schmidt, der Museumsdirektor, Herr Ohlbaum und Moons Vater. Der Museumsdirektor trägt ein Paket unterm Arm.

„Tut mir leid, Kinder, aber wir müssen die Besichtigung jetzt leider abbrechen."

„Kein Problem, Herr Knoll. Wir haben ja alles gesehen, was wir sehen wollten. Der Rest ist jetzt Sache der Erwachsenen."

„Moment. Was willst du damit sagen?"

„Ich habe hier etwas mitgebracht, Herr Knoll," sagt der Museumsdirektor und öffnet vorsichtig das Paket. „Ich denke, das gehört Ihnen."

ENDE

Landeskundliche Anmerkungen/Glossar

[1] *'ne olle* Malerin: norddeutsch: eine alte Malerin

[2] *sauer* sein: sehr verärgert sein

[3] *„Geteiltes Leid ist halbes Leid"*: Sprichwort, das bedeutet, wenn man eine unangenehme Sache gemeinsam macht, ist sie nur halb so schlimm

[4] *das Still-Leben*: ein Bild, das Gegenstände, besonders Früchte oder Blumen zeigt

[5] *die Apfelsine*: Orange

[6] *der Banause*: jemand, der nichts von Kunst versteht

[7] *Rainer Maria Rilke*: Dichter, 1875–1926, zitiert aus *Frühe Gedichte, Lieder der Mädchen*

[8] *kapieren*: verstehen

[9] *auf eigene Faust*: allein, selbstständig, ohne fremde Hilfe und Unterstützung

[10] *spießig*: (abwertend) engstirnig, sehr, sehr konservativ

[11] *gespannt* sein: hier: neugierig sein

[12] *Fehlanzeige!*: Redewendung, mit der man sagen kann, dass etwas, was man erwartet oder erhofft hat, nicht eingetroffen ist oder nicht erfolgreich war

[13] *die Kohle*: umgangssprachlich für *Geld*

[14] *„Wo brennt's denn?"*: Was ist los? Was ist passiert?

[15] *der Knast*: umgangssprachlich für das *Gefängnis*

[16] *sponsern* (= Verb zu „der Sponsor"): etwas (z. B. eine Veranstaltung) mit Geld unterstützen

[17] *geklaut*: gestohlen

[18] *„Ich verstehe nur Bahnhof!"*: Redewendung, mit der man sagen möchte, dass man überhaupt nichts versteht/verstanden hat

Aufgaben, Übungen und Tests

A. Zu Kapitel 1

Richtig oder falsch? Kreuze an.

	R	F
1. Die Klasse 8b hat Kunstunterricht.	☐	☐
2. Die Klasse besucht eine Ausstellung.	☐	☐
3. Einstein liebt Kunst.	☐	☐
4. Die Schüler sollen ihr Lieblingsbild mitnehmen.	☐	☐
5. Olli darf gleich wieder nach Hause gehen.	☐	☐
6. Moons Lieblingsbild ist das ‚Worpsweder Bauernkind'.	☐	☐

B. Zu Kapitel 2

1. Was kauft Moon am Ende der Ausstellung?

   ----

2. Was findet sie schade?

   ----

3. Wie heißt das Gedicht, das Moon auswendig kann? Ergänze die Wörter.

Ziel – April – Mädchen – Frühling

Ihr _____ *seid wie die Gärten*

am Abend im _____ :

_____ *auf vielen Fährten,*

aber noch nirgends ein _____

4. Gibt es ein Gedicht, das du magst? Wenn ja, schreibe es auf.

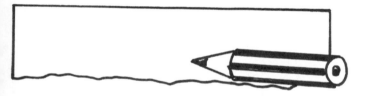

C. Zu Kapitel 3

1. Sieh dir die Bilder auf S. 13 noch einmal an und markiere den wichtigsten Unterschied.

2. Hier sind noch einmal die Fragen, die Moon und Einstein gesammelt haben. Hilf den beiden bei den Antworten und sammle Ideen.

1. *Wer hat die Kopie gemalt? – Warum so???*
2. *Woher kommt das Bild?*
3. *Wie kommt es ins Museum?*
4. *Weiß das Museum Bescheid??? – Experten?!*
5. *Warum hängt dort eine Kopie?*
6. *Verwechslung? Diebstahl?*
7. *Wo ist das Original?*

D. Zu Kapitel 4

Wie kann Herr Schmidt den ‚Detektiven' helfen?

E. Zu Kapitel 5

1. Welche spannende Entdeckung macht Einstein im Möbelhaus?

2. Wen informiert er sofort?

F. Zu Kapitel 6

Was erfahren Moon und Einstein von Herrn Ohlbaum? Lies Kapitel 6 noch einmal und ergänze die Lücken.

1. *Das Atelier von Herrn Ohlbaum ist riesig, denn es war früher _____*

   _____ .

2. *Herr Ohlbaum hat früher nur „seine" Bilder gemalt, aber _____*

   _____ .

3. *Die Karriere von Herrn Ohlbaum hat mit dem _____ begonnen. Jetzt hat er viele Aufträge.*

4. *Herr Ohlbaum nennt seine Bilder nicht Fälschungen, sondern _____ ,*

   weil_____ .

5. *Er findet es lustig, dass _____ .*

G. Zu Kapitel 7

Fasse die Informationen aus Kapitel 7 zusammen:

Transportunternehmen	*Redaktion*
-	-
-	-
-	-

H. Zu Kapitel 8

Ordne die Reihenfolge.

.... Die Freunde überlegen, wie sie einen Skandal verhindern können, und haben eine Idee.

.... Jessica ist skeptisch, weil es für die Verdächtigungen gegen Herrn Knoll keine Beweise gibt.

.... Olli ist sauer, weil Herr Nowek nur eine Story für die Zeitung will.

...1... Die Freunde sind bei Herrn Nowek in der Redaktion.

.... Einstein beweist mit einem Handy-Foto, dass das Gemälde im Museum eine Fälschung ist.

I. Zu Kapitel 9

1. Beantworte die Fragen.

   a) Wie bekommen Moon und Einstein einen Termin bei Herrn Knoll?

   _____

   b) Was erzählt Herr Knoll über das „Bauernkind" in seinem Büro?

   _____

   c) Warum ist Einstein plötzlich verschwunden?

   _____

   d) Moon sagt: „Wir haben alles gesehen, was wir sehen wollten." Was meint sie damit?

   _____

2. Soll Herr Knoll eine Strafe bekommen? Wenn ja, was für eine? Wenn nein, warum nicht? Diskutiert in der Gruppe.